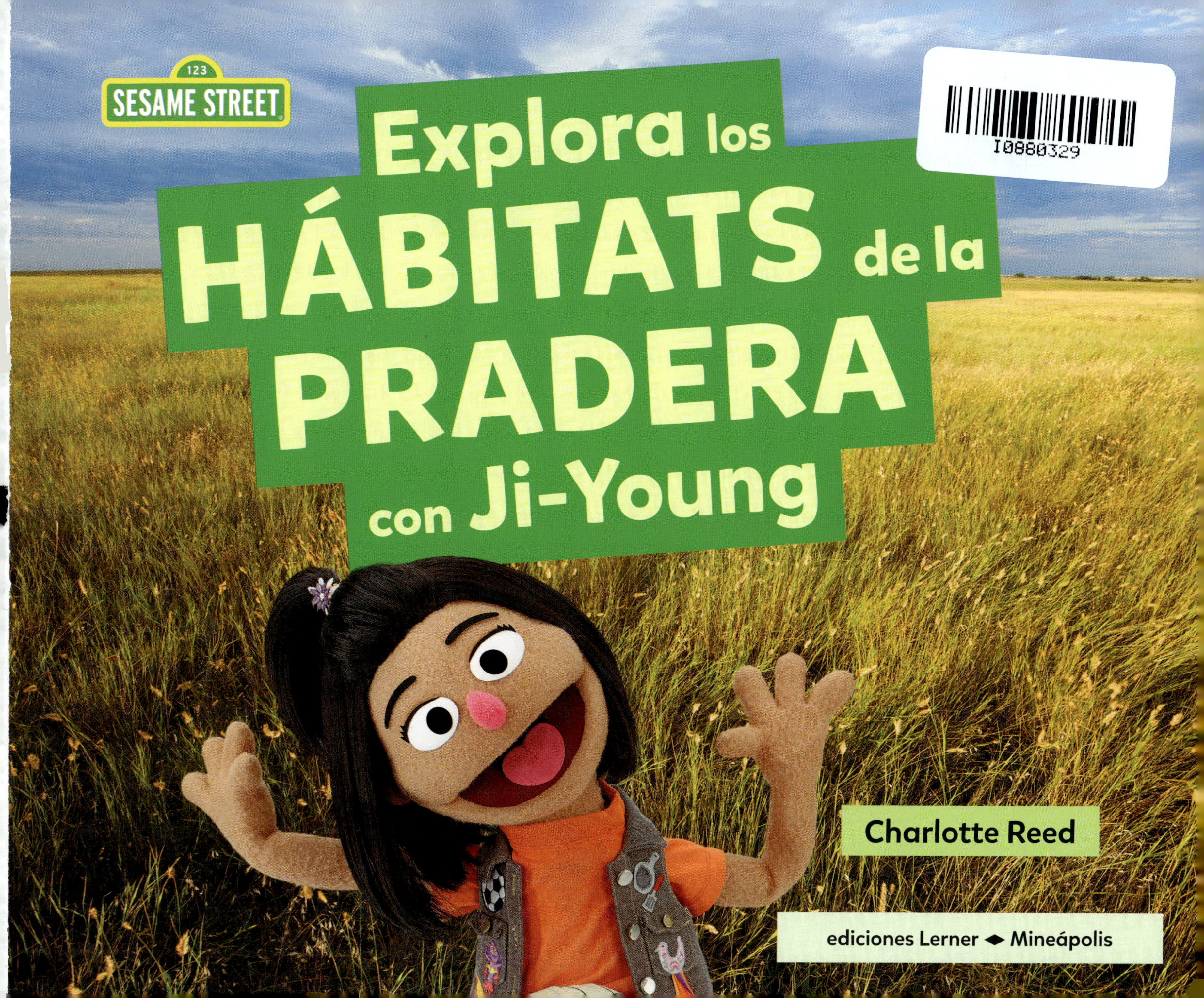

SESAME STREET

Explora los HÁBITATS de la PRADERA con Ji-Young

Charlotte Reed

ediciones Lerner ◆ Mineápolis

¡Hay muchos hábitats que explorar!

En la serie Hábitats de Sesame Street®, los pequeños lectores recorrerán ocho hábitats. Únete a tus amigos de *Sesame Street* mientras aprenden sobre estos diferentes hábitats en los que los animales viven, duermen y encuentran agua y comida.

Saludos.
Los editores de Sesame Workshop

Contenido

¿Qué es un hábitat? 4

Observemos los hábitats de pradera 8

¿Puedes adivinar? . . 28

Glosario 30

Otros títulos 31

Índice 32

¿QUÉ ES UN HÁBITAT?

¡Exploremos los hábitats! Un hábitat es un lugar en el que los animales viven y pueden encontrar agua, comida y un lugar para dormir. Una pradera es un tipo de hábitat.

La lluvia que cae en los hábitats de pradera es escasa, pero igualmente es suficiente para que crezca el pasto.

¡Por eso a las praderas también se las conoce como pastizales!

OBSERVEMOS LOS HÁBITATS DE PRADERA

Los hábitats de pradera tienen diferentes nombres según la parte del mundo en la que estén. Hay praderas templadas y tropicales.

En las praderas templadas, el clima es agradable. Eso significa que no hace ni demasiado calor ni demasiado frío.

Los antílopes americanos
viven en praderas templadas.
¡Corren realmente rápido!

Las praderas de Norteamérica son templadas. Los bisontes viven en las praderas y pastan. Eso significa que comen pasto.

Los bisontes corren rápido y saltan por encima de cercas altas. ¡Los bisontes también son buenos nadadores!

No hay muchos árboles en los hábitats de pradera, de modo que algunos animales, como los perritos de las praderas, viven bajo tierra.

¡Tango vive con Elmo!

Las estepas son otro tipo de pradera templada. Están en Asia y Europa. Las estepas albergan a los antílopes saiga.

Los antílopes saiga pastan en los pastizales.

En Sudamérica, las praderas se llaman pampas. Las pampas también son praderas templadas. Estas praderas albergan guanacos. Los guanacos tienen largas pestañas que les ayudan a proteger los ojos de la tierra y el viento.

Un guanaco bebé se llama chulengo.

Las praderas tropicales son cálidas todo el año. África y Australia tienen hábitats de pradera tropical.

Estas praderas se llaman sabanas.

Los canguros atraviesan saltando las sabanas australianas. Los canguros usan sus colas fuertes para mantener el equilibrio cuando saltan. A los canguros bebés se los llama marsupiales.

¿Cómo saltarías como un canguro?

En las sabanas africanas, las orejas grandes de un elefante lo ayudan a mantenerse fresco bajo el calor del sol. Los elefantes también se mantienen frescos rociándose agua en el lomo con sus trompas.

¡Yo uso anteojos de sol y un sombrero en los días soleados!

Las praderas albergan muchos animales diferentes en todo el mundo.

¿Sobre qué animal te gustaría aprender más?

¿PUEDES ADIVINAR?

1. ¿Cuál de estas imágenes es de un hábitat de pradera?

2. ¿Cuál de estos animales vive en un hábitat de pradera?

A

B

Glosario

hábitat: un lugar en el que los animales viven y pueden encontrar agua, comida y un lugar para dormir

pastar: cuando los animales, como los bisontes o los antílopes saiga, comen pasto en un campo

templada: una zona que tiene una estación fría, una estación cálida y lluvia todo el año

tropical: una zona que es cálida todo el año y tiene estaciones en las que llueve mucho y estaciones en las que no llueve tanto

¿Puedes adivinar? Respuestas

1. A
2. B

Otros títulos

Mazzarella, Kerri Lee. *Grassland Biome*. Coral Springs, FL: Seahorse Publishing, 2022.

Reed, Charlotte. *Explora los hábitats del océano con Elmo*. Mineápolis: ediciones Lerner, 2026.

Sabelko, Rebecca. *Grassland Animals*. Mineápolis: Bellwether Media, 2023.

Créditos por las fotografías

Imágenes usadas: Tetra Images/Getty Images, p. 1; DouglasOlivares/Getty Images, p. 5; JurgaR/Getty Images, p. 6; Foto4440/Getty Images, p. 8–9; W. Perry Conway/Getty Images, p. 10; fotógrafo de Utah Ryan Houston/Getty Images, p. 11; Cheri Alguire/Getty Images (fondo, arriba a la derecha), p. 13; Cris Cantón/Getty Images, p. 14; VictorTyakht/Getty Images, p. 17; Foto4440/Getty Images, p. 18; encrier/Getty Images, p. 19; AlexanderXXI/Getty Images, p. 20; robertharding/Alamy, p. 22; vannoyphotography/Shutterstock, p. 25; imageBROKER/Alamy (fondo), p. 26; Gabriel Rojo/Alamy (izquierda), p. 26; vzmaze/Getty Images (derecha), p. 26; Paul Tessier/Shutterstock, p. 27; Chris Moody/Shutterstock (izquierda), p. 28; Cavan-Images/Shutterstock (derecha), p. 28; Michel VIARD/Getty Images (izquierda), p. 29; Frank Fichtmueller/Shutterstock (derecha), p. 29.
Portada: Darrell Gulin/Getty Images; Maciej Czekajewski/Shutterstock; StanislavBeloglazov/Shutterstock; Frank Fichtmueller/Shutterstock.

Índice

antílopes saiga, 16–17

bisonte, 12

canguros, 22–23

elefantes, 24

guanacos, 18–19

perritos de las praderas, 14

Dedicado a mi hermana Amber y a mi sobrino Nate. Que sus corazones y su biblioteca estén siempre llenos.

La traducción al español fue realizada por Zab Translation.

ediciones Lerner
Una división de Lerner Publishing Group, Inc.
241 First Avenue North
Mineápolis, MN 55401, EE. UU.

Si desea averiguar acerca de niveles de lectura y para obtener más información, favor consultar este título en www.lernerbooks.com.

Fuente del texto del cuerpo principal: Mikado. Fuente proporcionada por HVD.

Library of Congress Cataloging-in-Publication Data

Names: Reed, Charlotte, 1997–author
Title: Explora los hábitats de la pradera con Ji-Young / Charlotte Reed.
Other titles: Explore grassland habitats with Ji-Young. Spanish
Description: Mineápolis : ediciones Lerner, 2026. | Series: Hábitats de Sesame Street | Includes bibliographical references and index. | Audience: Ages 4–8 | Audience: Grades K–1 | Summary: "Grasslands are found all over the world. Come along with Ji-Young and her Sesame Street friends as they travel across the globe to learn about the animals and characteristics of grassland habitats. Now in Spanish!"—Provided by publisher.
Identifiers: LCCN 2025015857 (print) | LCCN 2025015858 (ebook) | ISBN 9798765690253 library binding | ISBN 9798348028275 paperback | ISBN 9798765692363 epub
Subjects: LCSH: Grassland animals—Habitations—Juvenile literature | Grassland ecology—Juvenile literature
Classification: LCC QL115.3 .R4418 2026 (print) | LCC QL115.3 (ebook) | DDC 591.74–dc23/eng/20250513

LC record available at https://lccn.loc.gov/2025015857
LC ebook record available at https://lccn.loc.gov/2025015858

Fabricado en los Estados Unidos de América
1-1012589-54896-5/22/2025